Ich war ein Kind
in Kurdistan

Mahmut Baksi

Ich war ein Kind
in Kurdistan

Aus dem Schwedischen von
Dagmar Mißfeldt

Mit Bildern von
Dieter Wiesmüller

CARLSEN

Für meine Schwester Lamia Baksi

1. Auflage 1996
Alle deutschen Rechte bei Carlsen Verlag GmbH, Hamburg 1996
Die Originalausgabe erschien unter dem Titel Pojken från
Garzan-slätten bei Natur och Kultur, Stockholm 1995
Copyright © Mahmut Baksi and Bokförlaget Natur och Kultur 1995
Umschlag: Dieter Wiesmüller
Gesetzt aus der Bembo von Dörlemann Satz, Lemförde
Druck und Bindung Pustet, Regensburg
ISBN 3-551-55265-7
Printed in Germany

INHALT

DAS FERKEL

Der Frühling war fast vorüber. In der Ferne schimmerten rot die hohen Berge. Die Sonne ging gerade auf und erhob sich langsam über die Bergkämme. Die Morgendämmerung, auf die wir alle so lange gewartet hatten, war endlich da.

Im Dorf waren alle auf den Beinen und gerüstet für

einen Tag voller spannender Abenteuer. Die Männer aus dem Dorf und die Jungen über sechs Jahre hatten sich auf dem Marktplatz versammelt. Die Männer waren mit Messern, Pistolen, Gewehren, Knüppeln, Hämmern und Äxten bewaffnet. Wir Jungen hatten Steine in den Händen und Messer in unsere Gürtel gesteckt.

Die Kinder in unserem Dorf mußten früh lernen, sich gegen die Gefahren der Natur zu behaupten. Und die Erwachsenen im Dorf, unsere Eltern und Großeltern, taten, was sie konnten, um uns Kinder an ihrer Lebenserfahrung und ihrem Wissen über die Geheimnisse der Natur teilhaben zu lassen. So war es in unserem Dorf immer gewesen.

Ich war sechs Jahre alt und wußte schon, daß ich mich von den anderen, den ärmeren Kindern, unterschied.

Ich trug Hosen aus dünnem, selbstgefärbtem, blauem Baumwollstoff mit Stickereien von meiner Mutter. Das Hemd war kragenlos und aus brauner Seide. Um den Bauch trug ich einen Gürtel, an dem Troddeln hingen, und auf den Ärmel hatte meine Mutter eine kleine, mit vielen gold- und silberfarbenen Mustern bestickte Stofftasche genäht. Darin steckte ein Vers aus dem Koran mit dem Gebet, daß Gott mich beschützen und mich besonnener machen solle, weil ich ein sehr ungestümer Junge war. Auf dem Kopf trug ich einen Schal in verschiedenen Gelbtönen, der wie ein kurdischer Turban gebunden war. Er duftete besonders gut nach dem Parfüm, das meine Mutter darauf gegossen hatte.

Am meisten aber unterschied ich mich von den anderen Kindern im Dorf durch meine schwarzen, glänzenden Gislaved-Stiefel, die innen mit rotem Stoff gefüttert waren. Manchmal lieh ich sie den Kindern, die meinen Befehlen gehorchten, die machten, was ich wollte, die für mich meine Hundewelpen versorgten und die mich auf ihrem Rücken trugen, wenn ich Pferd und Reiter spielen wollte. Für sie waren die Stiefel ein unerreichbarer Traum.

Für ein paar Minuten, in denen sie Gislaved-Stiefel an den Füßen haben und sie ihren Eltern vorführen durften, taten sie, was immer ich von ihnen verlangte.

Meine Mutter war die Tochter des Dorfbesitzers, des reichen Agha, deshalb glaubte ich, ich hätte das Recht, die anderen Kinder zu schlagen und sie zu zwingen, das zu tun, was ich wollte. Ja, ich konnte mich sogar auf Ringkämpfe mit Kindern einlassen, die größer und kräftiger waren als ich, und sie besiegen, weil sie sich nicht trauten, gegen mich zu gewinnen.

In meinem Gürtel steckte ein langes, schönes Messer, in dessen Schaft Perlmutt eingelegt war. Die Scheide aus Elfenbein reichte mir, wie ein Säbel, bis hinunter zur Kniekehle.

Als letzter kam an jenem Morgen Großvater auf Kumeyt dahergeritten, seinem großen weißen Pferd, einem Halbblut, das schöner als alle anderen Pferde im

Dorf war. Drei von Großvaters Dienern gingen mit verschiedenerlei Waffen hinter dem Pferd her. Zusammen waren wir um die fünfzig Mann in jedem Alter, und ich war einer davon.

Großvater teilte uns in Gruppen ein, und bevor die Sonne ganz aufgegangen war, waren wir unterwegs zum Fluß Garzan.

Jedes Jahr zur gleichen Zeit wiederholte sich dieses Spektakel: der Krieg gegen die wilden, gefährlichen und rücksichtslosen Schweine. Dieser Krieg ging nie zu Ende. Jedes Jahr glaubten wir, daß er vorbei und die Schweine besiegt wären. Aber sie tauchten immer wieder und in wechselnd großer Zahl auf.

Für die Menschen in der Garzan-Ebene waren sie zu einer großen Plage, regelrecht zu einem Feind geworden. Besonders Großvater haßte die Schweine. Mit ihren großen Schnauzen wühlten sie überall herum und buddelten Löcher unter die Pflanzen, um an die Wurzeln zu kommen, die sie besonders gern mochten. Dadurch zerstörten sie die Felder mit dem eben gekeimten Frühlingsweizen, der Gerste und den Sesampflanzen.

Wir gingen über die Felder zum Fluß. Schließlich waren wir am Kriegsschauplatz angekommen. Jede Gruppe nahm ihre vorgeschriebene Stellung ein. Die erfahrensten Männer ritten mit ihren Pferden zu der Stelle, von der sie wußten, daß sich dort die Schweine versteckten. Sie riefen und schlugen die Trommel, um die Tiere aus ihren Löchern zu locken, damit sie zum Fluß hinunterliefen.

Bald kamen etwa zehn Schweine mit ihren Jungen auf das Flußufer zugerannt. Die erwachsenen Schweine hätten ihr eigenes Leben retten können, aber sie wollten auch ihre Ferkel retten und versuchten sie zu beschützen; so fielen sie bald durch unsere Kugeln. Die nicht durch einen Schuß starben, wurden mit anderen Waffen getötet.

Ich stand mit einigen Spielkameraden, mein Messer in der Hand, am Fluß und wartete auf die Ankunft der Schweine. Plötzlich kam ein Muttertier mit sechs Jungen im Gefolge angestürmt. Die Jungen hatten gelbe Streifen und sahen aus wie Wassermelonen. Ein älterer Mann schrie, ich solle weglaufen. Er befürchtete, daß die Schweinemutter mich angreifen würde. Aber bevor sie überhaupt in meine Nähe kommen konnte, streckte sie ein Schuß in den Kopf zu Boden.

Die kleinen Ferkel liefen nach allen Seiten auseinander. Eins aber kam direkt auf mich zu. Ich warf mich über das Tier und nahm es auf den Arm. Wütend kamen die Dorfbewohner auf mich zu und riefen: »Laß das widerliche Vieh los, sonst frißt es dich auf!«

Aber das kleine Schwein zitterte bloß und fing vor Angst an zu pinkeln und zu kacken. Ich fing an zu weinen. Gleichzeitig beschimpfte und verfluchte ich lautstark die Dorfbewohner, so wie ich es immer tat, wenn mich jemand kritisierte.

Nun waren auch mein Vater und die Brüder meiner Mutter dorthin gekommen, wo ich mit dem Ferkel auf dem Arm stand.

Sie befahlen mir, ich solle das Ferkel loslassen, trauten sich selbst aber nicht, es anzufassen. Für sie war es, wie unsere Religion sagt, das schmutzigste aller Tiere auf der Welt. Für mich aber war das kleine Schwein ein lebendiges und verspieltes, elternloses kleines Kind. Deshalb weigerte ich mich, ihnen zu gehorchen. Statt dessen warf ich mich mit dem Schwein im Arm auf den Boden, um es zu schützen, und weinte noch lauter.

Da hörte ich Großvaters Stimme. Vom Rücken seines schönen Pferdes gab er drei Schüsse in die Luft ab und sagte: »Laßt den Jungen in Frieden! Er ist genauso schmutzig wie das Ferkel. Und nicht nur schmutzig, sondern auch gefährlich. Zu Hause auf dem Hof hat er schon sechs eklige Hundewelpen, die mit ihm zusammen essen, trinken und schlafen. Was spielt es da für eine Rolle, daß er jetzt auch noch ein Ferkel hat. Eines Tages wird er Schande über unseren ganzen Stamm bringen.«

Großvater war sehr zornig. Gleichzeitig war er, glaube ich, in seinem innersten Inneren auch ein wenig stolz. So hatte ich jedenfalls das Gefühl, als sich unsere Blicke trafen. Ihm gefielen starke Söhne, und ich war der Sohn seiner Tochter. Und wer könnte stärker sein als ein Sechsjähriger, der gerade ein gefährliches Tier eingefangen hat.

Glücklich trug ich das Ferkel nach Hause. Weil ich wußte, daß meine Mutter sich vor Schweinen fürchtete, setze ich es zu meinen sechs Hundewelpen in das kleine Gehege auf dem Hof. Die Welpen waren meine besten Freunde. Obgleich die anderen Kinder oft hungrig waren, teilte ich nicht mit ihnen, sondern gab statt dessen den Welpen Joghurt, Käse, Milch, Fleisch oder Brot, das ich aus Mutters Schrank nahm.

Weil Großvater vorausgeritten war und meiner Mutter schon von dem Ferkel hatte erzählen können, kam sie mir mit wütendem Geschrei entgegen. Sie hielt sich die Nase zu und behauptete, ich stänke schon nach Schwein. Sie müsse sich gleich erbrechen.

»Gott wird dich dafür bestrafen«, sagte sie. »Und mit dir bin ich auch gestraft.«

Dann bat sie unsere Dienerin Wes, mich gründlich zu waschen und mir saubere Kleider anzuziehen. Ich leistete keinen Widerstand, weil ich wußte, daß das aussichtslos war.

Nach einer Stunde gelang es mir, meiner Mutter zu entwischen und aus dem Haus zu schleichen. Unter meinem Hemd hatte ich Brot, Käse und Fleisch für das kleine Schwein.

Ich ging sofort zum Hundegehege. Doch als ich dort ankam, bot sich mir ein grauenhafter Anblick; mir wurde ganz schwindlig, und meine Zähne klapperten vor Angst. Das kleine Ferkel lag leblos auf der Erde!

Die Welpen hatten es zerrissen. Aus Wunden am

Hals rann Blut. Ich lief hin und hob mein kleines Schwein auf. Es öffnete seine Augen nicht. Es war tot.

Da schrie ich aus Leibeskräften. Ich schrie und verfluchte die ganze Welt, die Dorfbewohner, Großvater, die Welpen und die alten Hunde.

Mein Geschrei lockte das ganze Dorf aus den Häusern. Männer wie Frauen, Jungen wie Mädchen versammelten sich um das Hundegehege. Dann kam Großvater mit seinem Stock in der Hand. Er schlug mir zweimal auf den Kopf und sagte: »Mein kleiner Sohn. Du bist zwar mutig, aber auch dumm. Genauso dumm wie deine Hundewelpen. Wenn du mehr Verstand im Kopf hättest, dann hättest du das kleine Ferkel niemals zu den Welpen gelassen. Du hättest bedenken müssen, daß es für sie fremd war. Sie kannten das Schwein nicht, sprachen nicht dieselbe Sprache, hatten nicht dieselbe Farbe und denselben Geruch wie das Ferkel. Um sich zu mögen, um miteinander spielen und auskommen zu können, müssen sich Tiere erst aneinander gewöhnen, und das dauert lange und erfordert viel Geduld. Genau wie bei den Menschen.«

HUNDELEBEN

Jedes Jahr im Herbst kamen Nomaden von den Bergen herunter und überwinterten mit ihren Tieren in
unserer Ebene. Wenn es Frühling wurde, zogen sie mit
ihren Kühen, Schafen, Ziegen und Mauleseln wieder
zurück in die Kühle und zu den frischen Weiden in
den Bergen um den Van-See.

15

Die Nomaden waren bekannt für ihre hübschen Töchter und ihre kräftigen Pferde. Zu uns kam immer ein Stamm, der aus etwa zwanzig Familien bestand, die in großen schwarzen Zelten wohnten. Jedes Jahr wieder war ihre Ankunft für uns Kinder ein großes Erlebnis.

Dem Zug der Nomaden folgten immer Wölfe, die sich von Ziegen, Lämmern und anderen Jungtieren ernährten. Zu ihrer eigenen und zur Verteidigung der Tiere gegen die bösen und fremden Mächte, die überall lauern konnten, besaßen die Nomaden etwa fünfzig gut trainierte und liebevoll gepflegte Hunde in allen Größen. Und jedesmal, wenn sie in unser Dorf zurückkamen und ihre Zelte aufschlugen, brach Krieg zwischen ihren und unseren Hunden aus.

Sie bekämpften sich auf jede erdenkliche Weise und an allen Fronten wie zwei feindliche Armeen. Und weil die Hunde der Nomaden sehr viel kräftiger waren als unsere mageren, armen Tiere, mischten wir Kinder uns ein und versuchten mit Steinen und Stökken, unseren Hunden zum Sieg zu verhelfen.

Großvater und die Männer im Dorf taten nichts, um den Hundkrieg zu verhindern. Wie eine grüne Grenze lag Niemandsland zwischen den schwarzen Zelten und dem Dorf. Diese Grenze ohne Erlaubnis zu passieren war lebensgefährlich. Die Hunde der Nomaden griffen alles Lebendige an, was versehentlich den schwarzen Zelten zu nahe kam.

Manchmal aber griffen große Wolfsrudel das Dorf an und töteten Schafe und Ziegen. Dann verbündeten sich unsere Hunde mit denen der Nomaden im Kampf gegen die Wölfe, ihrem gemeinsamen Feind. Wir Kinder waren die gespannten Zuschauer dieses Schauspiels, wenn die ehemaligen Feinde plötzlich allen Streit vergaßen und gemeinsam gegen das Wolfsrudel zogen.

Aber sobald die Wölfe besiegt waren und die Hundemeute ins Dorf zurückgekehrt war, trennten sie sich, nahmen wieder ihre alte, feindselige Haltung ein und bekämpften sich aufs neue. Der Krieg zwischen ihnen ging nie zu Ende.

Wenn der Sommer näherrückte, bauten die Nomaden ihre großen schwarzen Zelte aus Ziegenhaar ab, trieben alle Tiere zusammen, wickelten ihre Neugeborenen ein und banden sie auf den Mauleseln fest. Dann traten sie ihre Wanderung in die hohen Berge an. Es dauerte drei bis vier Wochen bis hinauf zu den kühlen Bergwiesen, wo das Gras grünte und die Weiden saftig und gut waren.

Oft waren sie gezwungen, einen oder mehrere Verwandte auf dem Friedhof des Dorfes zurückzulassen. Auch alte und kranke oder verletzte Hunde mußten dableiben.

Für uns Kinder war es immer schrecklich, das Leiden und den Kummer der verlassenen Hunde mitanzusehen. Wenn die Nomaden ihre Wanderung begannen, folgten die alten Hunde ihren Besitzern, wie sie es von jeher gewohnt waren. Aber jetzt waren sie auf der Reise nicht mehr willkommen, und sie wurden mit Hieben und Schlägen grausam fortgejagt.

Schließlich begriffen sie, daß sie zurückbleiben mußten und kehrten zum Dorf zurück, wo sie auf die Dächer kletterten, um zu trauern. Das mitansehen und hören zu müssen, war das allerschlimmste. Wie Menschen hoben sie ihren Kopf gen Himmel und begannen zu weinen, zu schreien und zu winseln.

Die alten Hunde konnten ihr Schicksal nicht akzeptieren. Sie taten sich selbst leid, verloren schnell die Lust am Leben und damit auch ihren Appetit. Sie wurden krank, gebrechlich und schwach. Ganze Nächte hindurch schrien und heulten sie so sehr, daß man fast nicht schlafen konnte. Ihr Weinen war bis zu den Nachbardörfern zu hören.

Die Dorfbewohner behandelten sie nicht besser als die Nomaden. Oft schlugen sie sie und gaben ihnen kaum Futter. Niemand rief sie zu sich oder hatte ein freundliches Wort für sie übrig. Sie waren mutterseelenallein und hatten zum Schluß nicht einmal mehr die Kraft, um miteinander zu spielen oder sich gegenseitig zu berühren. Deshalb kamen die meisten auch nicht mehr mit dem Leben zurecht.

Einer nach dem anderen verschwanden sie oder starben allein in der Sommerhitze auf dem Feld hinter irgendeinem Stein. Die wenigen, die allen Niederlagen und dem ständigen Hunger trotzten und den Tag erleben durften, an dem die Nomaden aus den Bergen zurückkehrten, rappelten sich mit letzter Kraft auf und liefen froh und voller Hoffnung ihren alten Freunden entgegen.

Aber ihre Enttäuschung war groß. Ihre alten Besitzer hießen sie nicht willkommen, und die Hunde wollten sie auch nicht wiedererkennen, sondern griffen sie an und bissen sie, bis Blut floß. Vielleicht folgten sie den barbarischen Gesetzen der Natur.

Die Hunde, die Jahr um Jahr die Tiere und Kinder der Nomaden vor Wölfen, giftigen Schlangen und Skorpionen beschützt und ihnen viele neue Welpen geboren hatten, waren zu Alten ohne Rechte in einem fremden Land unter fremden Menschen geworden. Es kam vor, daß ihre alten Besitzer ihnen einen Brocken Fleisch hinwarfen; dann rissen es ihnen unsere jungen Hunde wieder aus dem Maul.

FREMDE

Die Garzan-Ebene brannte in der Sommerhitze wie
Feuer. Man konnte kaum Atem holen. Auch die Steine
und der Sand am Ufer des Flusses waren wie glühende
Kohlen. Überall roch es verbrannt. Als ich mit nackten
Füßen auf einen Felsbrocken kletterte, blieb die Haut
unter meinen Fußsohlen daran kleben.

Es war so unerträglich heiß, daß sich nicht einmal die gefährlichen Schlangen zeigten, die man sich sonst immer auf den Wegen rund ums Dorf schlängeln sah. Dennoch plagten sich die Männer aus dem Dorf Tag für Tag unter der erbarmungslosen Sonne. Ich wunderte mich, warum sie sich nicht wie wir im Hause aufhielten, wo es kühler war.

In jenem Sommer war Großvater reizbarer und nervöser als gewöhnlich, ja geradezu bösartig. Er schrie, prügelte sich und stritt mit allen, die ihm über den Weg liefen. Mit jedem Tag trieb er die Dorfbewohner mehr an, noch schneller zu arbeiten.

Schon am Anfang des Frühlings war gleich vor dem Dorf mit dem Bau von zehn neuen Lehmhäusern begonnen worden. Die Männer hatten Wasser aus dem Brunnen geholt und Lehm und Stroh zu einem dicken Brei gestampft, Ziegelsteine aus dem Lehm geformt und die fertigen Lehmziegel zum Trocknen ausgelegt. Dann hatten sie die Wände errichtet, und nun waren sie dabei, die Dächer fertigzustellen und Türen und Fensterrahmen zu tischlern.

Nach dem Frühstück ging ich gewöhnlich jeden Tag dorthin und schaute zu, wie die Häuser emporwuchsen. Den Gesprächen der Männer entnahm ich, daß ihnen ihre Arbeit nicht gefiel.

Die armen und landlosen Dorfbewohner, Großvaters Feldarbeiter und Diener, wohnten selbst in sehr einfachen Häusern. Jede Familie hatte nur zwei Zimmer. Die Dächer der Häuser stießen aneinander und waren wie eine einzige große Terrasse, auf der die Familien im Sommer in großen Holzbetten schliefen, die mit Stoff verhangen waren, um die Schlafenden vor Mücken und neugierigen Blicken zu schützen. Die armen Dorfbewohner hatte noch nicht einmal das Recht, sich ein Stockwerk mehr zu bauen, und mußten auch in den kältesten Winternächten den Platz mit ihren Tieren teilen.

Die neuen Häuser sollten mit drei Zimmern, Küche und einem kleinen Garten sehr viel größer werden. Großvaters eigenes Haus hingegen, in dem ich, meine Eltern und Geschwister, die Brüder und Schwestern meiner Mutter und deren Kinder wohnten, hatte drei Stockwerke und bestand aus zwölf Zimmern. Es stach wie ein richtiges Schloß von den Häusern der Dorfbewohner ab. Von seiner Veranda aus konnte Großvater alle Geschehnisse im Dorf im Auge behalten. Von dort regierte er über Mensch und Tier und bestimmte, was ein jeder zu tun oder zu lassen hatte.

Bald waren Türen und Fenster eingesetzt; es fehlten nur noch Herde und Kamine zum Heizen, dann waren die neuen Häuser bezugsfertig.

»Wenn ihr in drei Wochen nicht fertig seid, jage ich euch aus dem Dorf und schlachte all euer Vieh«, drohte Großvater jeden Morgen. »Ihr wißt gar nicht, wie schwer ich es habe. Ihr seid wie die Schweine, die nur ihre Schnauze in die Erde stecken und wühlen.«

Niemand, weder wir Kinder noch die Erwachsenen, ja, noch nicht einmal meine eigene Mutter wußte, warum Großvater so zornig und mürrisch war, warum er die Arbeiter auf der Baustelle so antrieb.

Für wen baute er die Häuser? Hatte er vor, sich wieder zu verheiraten und die Eltern und die Angehörigen seiner neuen Frau in den Häusern unterbringen?

Großvater war dafür bekannt, daß er Frauen mochte und die Gebote und Vorschriften des Islams bis zum letzten Buchstaben ausnutzte, wenn es um die Frauenfrage ging. Deshalb hatte er immer vier Frauen gleichzeitig in seinem großen Haus. Und weil eine der Frauen eines Winters dieses Leben nicht mehr ausgehalten und sich in den Fluß gestürzt hatte, konnte es gut sein, daß Großvater seinen kleinen Harem wieder auffüllen wollte.

Das ganze Dorf brodelte vom Tratsch darüber, wer in den neuen Häusern wohnen sollte. Man erzählte sich, daß Großvater sich in ein Nomadenmädchen verliebt hätte und daß das Mädchen und ihre Familie das Nomadenleben aufgeben und sich in unserem Dorf niederlassen würden.

Wenn der Herbst näherrückte, stiegen wir Kinder auf die Dächer und suchten den Horizont ab. Wir hofften, daß bald Zeit für die Rückkehr der Nomaden wäre. Wir konnten ihre großen Tierherden, ihre farbenprächtigen Kleider und ihren guten Käse kaum erwarten. Wir würden uns alle an Fleisch, Butter, Milch und Joghurt sattessen können; denn wir tauschten unseren Weizen und unser Brot gegen ihren Käse und ihr Fleisch.

Aber jetzt war es immer noch Sommer und zu früh für die Nomaden, die Hochebenen zu verlassen. Vielleicht erwartet Großvater andere Gäste, dachte ich.

Endlich waren die neuen Häuser fertig, und Großvater war fast jeden Tag glänzender Laune. Ja, er war so gut gelaunt, daß er die Dorfbewohner in aller Ruhe ihre eigenen kleinen Felder bewirtschaften und ihren Wintervorrat aus gemahlenem Weizen und Säften in großen eisernen Töpfen unten am Fluß kochen ließ. Der Duft der Säfte breitete sich über die ganze Garzan-Ebene aus.

Da geschah, worauf ich so lange gewartet hatte, wovon ich aber nicht wußte, was es war. Eines Morgens wurde ich in aller Frühe, noch vor Sonnenaufgang, von etwa zehn Schüssen geweckt. Weitere Schüsse wurden abgefeuert, bis nach ein paar Minuten alle Dorfbewohner aus ihren Betten und auf die Dächer gestiegen waren, um nachzuschauen, wer da geschossen hatte.

Zuerst sah ich sechs berittene Soldaten. Ihnen folgten um die zwanzig schwer bepackte Esel, die klingelnde Schellen um den Hals trugen. Vielerlei Möbelstücke, Betten, Matratzen und Körbe voller Kleider und Hausrat türmten sich auf den Rücken der Esel. Sie wurden von ungefähr zehn Männern geführt.

Hinter ihnen gingen ebenso viele Frauen und an die dreißig Kinder unterschiedlichen Alters. Und dahinter trottete eine Schar Kühe, trippelten Ziegen und Schafe und liefen einige Hunde.

Ich sah gleich, daß diese Fremden nichts mit unseren Nomaden gemein hatten, weder im Aussehen noch in der Kleidung. Aber weil wir Kinder meistens Ohrfeigen bekamen, wenn wir Fragen stellten, traute ich mich nicht, die Erwachsenen zu fragen, wer diese Leute waren.

Wir hatten gelernt, daß Soldaten gefährlich waren. Sie kamen ins Dorf, um unsere Väter und die erwachsenen Brüder unserer Mütter für die türkische Armee zu holen. Manchmal kamen sie auch nur, um uns angst zu machen, damit wir begriffen, wer die Macht im Land hatte; dann zerstörten sie einfach ein paar Häuser und nahmen Großvater Geld ab. Aber diesmal schienen die Soldaten freundlich gesinnt zu sein. Ich sah, wie Großvater ruhig seinen weißen Kumeyt vorführte, aufsaß und mit vier Dienern, die hinter dem Pferd herliefen, der Karawane, die auf unser Dorf zukam, entgegenritt.

Oben vom Dach aus konnte ich sehen, wie die berittenen Soldaten zusammen mit den fremden Leuten unseren kleinen Marktplatz erreichten. Sie waren wirklich nicht so wie wir gekleidet. Die Hosen und Jacken der Männer sahen überhaupt nicht so aus wie die handgenähten, schwarzweißgestreiften Jacken und

Pluderhosen der Garzan-Ebene. Diese Männer trugen Stadtkleidung, genau solche, wie Großvater, seine Söhne und mein Vater sie immer anzogen, wenn sie in Geschäften wegfuhren.

Die Frauen trugen weite Hosen unter den Kleidern und bunte Tücher, die sie im Nacken zusammengeknotet hatten, keine dünnen weißen Kopftücher wie unsere Mütter. Durch die Pluderhosen sahen die fremden Frauen sehr dick aus. An den Füßen hatten sie Pantoffeln.

Die kleinen Mädchen hatten kurze Haare und sahen lustig aus, weil ihre Kleider in die Pluderhosen gestopft waren. Die Kinder machten alle einen verschreckten Eindruck und versuchten, sich hinter ihren Müttern zu verstecken. Die meisten waren blond, blauäugig und hellhäutig. Die Haare der Jungen war kurzgeschoren. Sie trugen Hemden und kurze Hosen; so etwas hatten wir vorher noch nie zu Gesicht bekommen.

Mein Großvater hieß die Neuankömmlinge in der Sprache der Soldaten willkommen. Da er Kurdisch und Türkisch vermischte, konnten wir annähernd verstehen, was er sagte. Er sprach wahrhaftig nicht besonders gut Türkisch, konnte sich aber dennoch gut verständlich machen.

Dann schüttelte er die Hände der neuen männlichen Dorfbewohner und begleitete jede Familie in ihr Haus. Danach lud er die Soldaten in sein Haus ein, wo Unmengen von Essen auf sie warteten. Sie waren die ganze Nacht unterwegs gewesen und müde und hungrig.

Das waren also die Leute, die in den neuen Häusern wohnen sollten. Vielleicht haben sie auch eine neue Frau für Großvater dabei, dachte ich.

Nach diesem ereignisreichen Tag konnte ich in der Nacht kaum schlafen. Ich wachte oft mit einem Schrei auf und gab meinen Brüdern, die neben mir lagen, Tritte. Mein kleiner Kopf war ganz durcheinander. Vor allem konnte ich nicht verstehen, warum so viele von den Kindern helles Haar und blaue Augen hatten. Auch nicht, warum sie sich hinter ihren Müttern versteckten, anstatt mit uns zu spielen. Und warum trugen sie so komische Kleider?

Woher kamen diese merkwürdigen Kinder? Warum kamen sie in unser Dorf? Was geschah hier eigentlich mitten unter uns? Mein Kopf brummte die ganze Nacht von diesen Fragen.

Als meine Mutter mich spät am Vormittag weckte, wusch sie mir wie immer das Gesicht und tischte mir das Frühstück auf, das ich nie haben wollte. Dann brachte sie mich und meinen großen Bruder zu Großvater.

Er saß mitten im größten Raum des Hauses. Um ihn herum hatten sich ungefähr fünfzig seiner nächsten Verwandten versammelt: Frauen, Söhne, Töchter, Schwiegersöhne, Schwiegertöchter und Enkelkinder.

Er war sehr unruhig und nervös und deutete die ganze Zeit mit seinem Stock auf uns. Als alle versammelt waren, sagte er: »Jetzt hört mich an. Es ist ernst, und ihr müßt gut aufpassen. Ich werde nicht noch einmal wiederholen, was ich jetzt sage. Und ihr müßt meine Worte befolgen.«

Wir hatten mächtig Angst vor Großvater. Ich glaube, manche Kinder machten sich naß, wenn sie ihn nur sahen. Er war so hartherzig und schlug manchmal rücksichtslos und ohne Grund mit seinem Stock auf jeden ein, der ihm gerade in die Quere kam.

»Die gestern in unser Dorf kamen, sind Bulgarotürken«, begann er. »Sie sprechen nur Türkisch. Sie haben ihre bulgarische Heimat verlassen und sind in die Türkei gekommen, um hier zu leben. Der türkische Staat hat sie in unsere kurdischen Dörfer in der Garzan-Ebene geschickt, damit sie uns Türkisch beibringen. Und wenn ihr Kinder nicht schnell Türkisch sprechen lernt, dann werdet ihr meinen Stock zu schmecken kriegen, denn sonst kommen die türkischen Soldaten und nehmen euch mit.«

Bulgaren. Türken. Andere Sprache. Wovon redete Großvater eigentlich? Wo lag dieses Bulgarien? Die einzigen Türken, die wir kannten, waren Soldaten. Aber diese Männer hatten weder Uniformen noch Gewehre.

Kinder wie Erwachsene sahen gleichermaßen verwundert aus. Lange waren alle still. Uns war anzusehen, daß wir nachdachten, daß die Gehirne arbeiten, ohne daß etwas dabei herauskam. Schließlich brach einer der Brüder meiner Mutter das Schweigen.

»Vater, wo liegt Bulgarien?« fragte er.

»Bulgarien liegt jenseits der hohen Berge, auf der anderen Seite des Meeres«, antwortete Großvater. »Dort wollen sie alle Türken loswerden, die sich weigern, Christen zu werden. Viele sind schon getötet worden, einige sind von dort in alle Himmelsrichtungen geflohen. Andere kamen hierher, und jetzt sind sie unsere Gäste«, sagte Großvater in entschiedenem Ton. »Und Gott erbarme sich derer, die den Bulgarotürken nicht helfen, wenn sie etwas brauchen. Noch mehr Fragen?«

Ein anderer Bruder meiner Mutter räusperte sich und sagte: »Aber warum sind sie so hell? Normale Türken sehen nicht so aus wie sie.«

Jetzt war Großvater nicht mehr so sicher, was er antworten sollte. Er mußte sich eine Antwort einfallen lassen und machte eine kleine Pause. Dann kam ihm eine Idee.

»Warum sehen unsere Hunde nicht so aus wie die der Nomaden«, sagte er. »Bei den Menschen ist es genauso wie bei den Hunden. Einige sind weiß, andere sind schwarz, braun oder gelb. Gott hat große Fässer mit allen möglichen Farben, die er benutzt, damit wir nicht alle gleich aussehen. Unsere Vorfahren sagten immer, daß Mensch und Tier ihre Farbe von dem bekommen, was sie essen. Die Bulgarotürken essen helles Fleisch.«

Als Großvater das gesagt hatte, sah er sehr zufrieden aus. Dann fuhr er fort: »Erinnert ihr euch nicht mehr, was ich euch von den schwarzen Menschen erzählte, die ich vor ein paar Jahren in Mekka sah. Zuerst hatte ich etwas Angst, aber dann begriff ich, daß sie genauso Kopf, Körper, Arme und Beine hatten wie wir. Nur Gottes Farben unterscheiden uns voneinander. Und wie ihr alle wißt, ist Gott der beste Künstler der Welt.«

»Aber«, rief eine Schwester meiner Mutter, »ich habe von jemand aus dem Nachbardorf gehört, daß die Bulgarotürken Schweinefleisch essen. Deshalb finde ich, daß unsere Kinder nicht mit ihren Kindern spielen sollen. Unsere Kinder müssen auch kein Türkisch lernen. Ich bin über dreißig Jahre alt und bisher gut zurechtgekommen, ohne eine andere Sprache als Kurdisch zu können. Das Wichtigste für mich ist, daß Gott meine Kinder liebt und sie nicht bestraft.«

Die Rede meiner Tante machte Großvater wütend. Er begann zu schreien und ihr zu drohen. Er duldete keine Widerrede und beteuerte wieder und wieder, daß die Bulgarotürken echte Muslime und überhaupt kein schlechter Umgang seien, auch wenn sie in Bulgarien womöglich Schweinefleisch hätten essen müssen, weil es dort eben nichts anderes zu essen gab.

»Ich weiß, daß sie Schweinefleisch hassen und genauso rein sind wie wir«, beendete er die Diskussion.

Dann gab er seinen Dienern einen Wink, und das Essen wurde aufgetragen. Er lud wie immer zu Lammfleisch, Reis und einer Art Gemüseeintopf ein. Nach dem Essen bekamen die Jungen gewöhnlich ein Stück Schokolade. Die Mädchen hingegen bekamen einen Stockhieb auf den Rücken.

Nach Großvaters Ansicht war es das Schicksal der Mädchen, verheiratet und Dienerinnen in den Familien ihrer Männer zu werden. Die Söhne dagegen blieben. Sie stärkten die eigene Familie und führten sie Generation für Generation weiter. Außerdem gehörte es zur Pflicht der Söhne, die Dörfer und das Land der Familie gegen alle Feinde zu verteidigen.

Am Abend dieses denkwürdigen Tages, als die Sonne etwas schwächer schien, spielten wir Kinder wie sonst auch im Freien. Und plötzlich waren wir von blauäugigen und hellhaarigen Kindern umringt. Sie standen ganz still da und schauten uns mit ängstlichen und unbeweglichen Gesichtern an. Wir spielten mit einem Ball aus Kuhhaar Brennball. Als der Ball ihnen entgegenrollte, trauten sie sich nicht einmal, hinzulaufen und ihn zu holen.

Ich wurde neugierig und ging mit einem Stock auf sie zu, pikte einen der Jungen in den Bauch und sagte auf Kurdisch: »Wie heißt du? Navete ciye?«

Sofort drehte er mir den Rücken zu, sagte etwas zu seinem Freund und brach in Lachen aus. Ich wurde fuchsteufelswild. Wie komisch er redete! Sogar das

Lachen war schwer zu verstehen. Ich schlug ihm mit meinem Stock auf den Kopf und begann zu schreien. Da fingen meine Spielkameraden an, Steine nach den bulgarotürkischen Kindern zu werfen, die erschrokken die Beine in die Hand nahmen und davonliefen.

Wir verfolgten sie mit Steinen und Stöcken und schlugen auf sie ein, sobald wir sie zu fassen bekamen. Viele wurden am Kopf getroffen, und das Blut lief ihnen die Stirn und den Hals hinunter. Andere wurden im Gesicht, an Armen und Beinen verletzt. Und alle heulten und schrien zum Gotterbarmen und rannten so schnell sie konnten zurück zu ihren Häusern.

Dort wurden sie von ihren Müttern empfangen, die versuchten, sie mit ihren Körpern zu schützen. Aber auch über sie fielen wir her.

Jetzt mischten sich auch die älteren Kinder aus dem Dorf in den Krieg ein, und die Bulgarotürken mußten sich in ihre Häuser retten und die Türen verschließen. Aber unsere Wut war so groß, daß wir immer noch nicht einhalten konnten. Wir warfen die Fenster in den Häusern ein und zerschlugen die Türen. Am liebsten hätten wir die neuen Einwohner aus dem Dorf getrieben und im Fluß Garzan ertränkt. Unser Zorn war noch größer als die Furcht vor Großvaters und Gottes Strafe.

Keiner der Erwachsenen im Dorf kam heraus und hielt uns zurück. Sie schauten dem Geschehen abwartend, ohne einzuschreiten, zu.

Dann hörte ich Großvaters Stimme. Er kam, seinen Stock schwingend, auf uns zu, packte, wen er gerade zu fassen bekam, und teilte Ohrfeigen und Schläge aus. Er tobte vor Wut, verfluchte und beschimpfte seine Enkelkinder und drohte, das ganze Dorf davonzujagen.

»Ihr begreift nicht, was ihr tut«, sagte er. »Was soll ich morgen den türkischen Soldaten sagen, wenn sie wiederkommen und wissen wollen, wie es unseren neuen Gästen geht. Ich verspreche euch, wenn sie sehen, was ihr angerichtet habt, dann werdet ihr im Gefängnis landen, und dort werdet ihr lernen, wie türkische Knüppel schmecken. Die machen dort Futter für ihre Hunde aus euch.«

Großvaters Androhung brachte die Männer auf Trab. Wir wurden eingefangen und im großen Raum in Großvaters Haus zusammengepfercht. Wir bebten vor Furcht, weil wir wußten, was auf uns zukam. Als Großvater mit seinem Stock eintrat, verbargen wir unsere Gesichter in der Armbeuge. Er schlug mit seinem Stock ohne Rücksicht auf Alter und Geschlecht auf uns ein. Innerhalb kurzer Zeit bluteten alle Cousins und Cousinen aus Wunden an Kopf, Nase und Körper.

Dann verließ Großvater den Raum und schloß hinter sich die Tür. Als Strafe für unsere Dummheit mußten wir dort zwei Tage ohne Essen und Wasser sitzen.

»Wer schreit oder Radau macht, kriegt eine noch längere Strafe«, drohte er uns.

So wuchs unser Haß auf die dummen, blonden, bulgarotürkischen Kinder. Es ist ihre Schuld, daß Großvater uns bestraft, sagten wir. Und wir verbrachten die zwei Tage damit, uns auszudenken, wie wir uns an ihnen rächen konnten, wenn wir erst wieder frei waren. Vielleicht sollten wir ihre Häuser niederbrennen oder ihnen wenigstens die Augen auskratzen und ihnen die Kleider vom Leib reißen.

Tatsächlich waren nicht nur wir Kinder wütend auf die Bulgarotürken. Die Dorfbewohner mochten sie vom ersten Tag an nicht. Sie konnten nicht verstehen, warum die Bulgarotürken die schönen Häuser bekamen, die die Männer aus dem Dorf gebaut hatten. Und warum kamen jede Woche die türkischen Soldaten ins Dorf und gaben ihnen große Säcke voller Konserven, Brot, Süßigkeiten und Kleidungsstücke?

Sie brachten auch viele Tiere mit, die größer und schöner als die Tiere der Dorfbewohner waren, und jeder konnte es sehen, denn alle unsere Tiere mußten gemeinsam auf die Weide. Ihre großen Kühe fraßen mehr und gaben mehr Milch als unsere kleinen schwächlichen, und ihre Hühnereier waren größer als unsere. Trotzdem erhielten die Bulgarotürken von der türkischen Armee sackweise Sonderrationen an Lebensmitteln.

Der Drachen

Unser Krieg mit den bulgarotürkischen Kindern dauerte noch den ganzen Herbst und Winter. Oft hetzten wir unsere wilden Hunde auf sie, damit sie ihnen in die Beine bissen. Wir wollten die Fremden zwingen, im Haus zu bleiben. Wir stahlen ihre Hühner, Puten und Hähne und gaben sie unseren Dienern, die sie rupften

35

und für uns brieten, ohne daß meine Mutter etwas davon erfuhr.

Die fremden Kinder waren schließlich Gefangene in ihren eigenen Häusern und trauten sich nie, allein nach draußen zu gehen. Sie hatten immer Angst. Die Felder ums Dorf waren für sie verbotenes Gelände. Das Ufer des Flusses ebenfalls. Im Freien zu spielen und herumzulaufen war für sie verboten.

Im ersten Winter konnten sie deshalb auch nicht die Kinder der Nomaden kennenlernen und den leckeren Käse und das Fleisch der Nomaden probieren.

Meine Freunde aus dem Dorf, die gleichaltrigen Cousins und Cousinen und die anderen Kinder der Dorfbewohner, hatten alle ihre besondere Begabung. Einige waren geschickte Vogelfänger, andere konnten mit bloßen Händen im Fluß Fische packen. Wieder andere wußten gut mit Hunden umzugehen. Aber keiner von uns war so listig und mutig wie Hamo.

Seine Mutter Zeino war die Dienerin meiner Mutter. Sie hatte sehr große Brüste und hatte meinen ältesten Bruder und viele meiner Cousins und Cousinen gestillt. Man erzählte sich, daß sie einmal meinen Bruder unter ihren Brüsten beinah erstickt hätte, als sie eingeschlafen war, während sie ihn stillte. Nach diesem Vorfall wollte sie aus der Familie niemand mehr als Amme haben, und es wurde behauptet, ihre Milch sei schlecht.

Hamo, einer ihrer Söhne, der genauso alt war wie ich, bekam deshalb zwei Jahre lang das alleinige Recht an ihrer Milch. Er war auf einem Auge blind, ständig voller Rotz und hatte keine Haare auf dem Kopf – das war der lebende Beweis, daß ihre Milch nicht gut war. Daß viele Kinder im Dorf an der schweren Augenkrankheit litten, die Trachom genannt wird, daß auch andere Kinder Hautkrankheiten hatten, bei denen die Haare ausfielen – daran dachte niemand. Hamo war vergiftet, dabei blieb es. Und der Beweis war, daß er gegen Schlangengift immun war. Seine große Leidenschaft war nämlich, Schlangen zu fangen.

Er konnte stundenlang pfeifend vor einem Loch im Erdboden sitzen, wenn er wußte, daß eine Schlange da drinnen ihr Nest hatte. Wir glaubten, daß er mit den Schlangen in ihrer eigenen Sprache redete. Wenn die Schlange schließlich ihren Kopf hinausstreckte, packte er sie schnell mit Daumen und Zeigefinger im Nacken und hob sie hoch. Die Schlange ringelte sich dann wie ein schwarzglänzendes Armband um seinen Arm.

Hamos Freude an dem Spiel war unbeschreiblich. Er strahlte vor Glück. Man hätte glauben können, er hätte einen hübschen Vogel gefangen und keine häßliche und gefährliche Schlange. Die Schlangen waren sein Spielzeug, und er tötete sie niemals. Nach einer Weile ließ er sie los, und sie schlängelten sich davon.

Nun aber, da die Jagd auf die Kinder der Bulgarotürken unser größter Spaß geworden war, überredete ich

Hamo, Schlangen zu fangen und sie unter den Türen der neuen Familien durchschlüpfen zu lassen. Wenn die Bulgarotürken eine Schlange auf ihrem Fußboden entdeckten, bekamen sie fürchterliche Angst und schrien, daß es im ganzen Dorf zu hören war.

Wir Kinder versteckten uns hinter den Büschen und lachten uns fast tot, wenn wir sie aus ihren Häusern stürzen sahen. Es war gar nicht so leicht, die Schlangen zu töten, denn sie schlängelten sich blitzschnell die Treppe zum warmen Dach hinauf oder verkrochen sich in den Spalten und Ritzen der Mauern.

Der Frühling kommt in Kurdistan immer sehr schnell, und auch in jenem Jahr war die Garzan-Ebene ein schimmerndes Meer aus allerlei bunten Blumen. Narzissen, Schneeglöckchen, gelbe und weiße Goldsterne, Krokusse und viele Arten Anemonen brachen über Nacht auf.

Schmetterlinge und andere Insekten schwirrten herum und erweckten die Natur zum Leben. Störche unternahmen erste Versuche, ihren Kindern das Fliegen beizubringen. Ältere Mädchen und Jungen warfen einander am Brunnen besondere Blicke zu. Die Luft roch betörend. Auch der Fluß Garzan veränderte sich und trat über die Ufer; sein Rauschen war in der ganzen Gegend zu hören. Er kam den ganzen weiten Weg aus den Bergen in der Ferne und führte alles Schmelzwasser mit sich.

An einem ganz gewöhnlichen Frühlingstag hatten wir Kinder uns auf dem Dach versammelt, um Himmel und Hölle zu spielen. Die Sonne schien, es wehte ein leichter Wind. Plötzlich hörten wir ein Säuseln in der Luft, wie eine Stimme von irgendwoher.

»Schschsch«, sagte sie. Wir hörten auf zu spielen und sahen uns um, woher das Geräusch wohl kam. Nach einer Weile blieb unser Blick an einem merkwürdigen Gegenstand hängen, der hoch oben am Himmel tänzelte. So etwas hatten wir vorher noch nie gesehen. Wir waren wie versteinert.

Ein riesengroßes, bläuliches, vogelartiges Ding mit langem Schwanz flog am Himmel über dem Dorf. Bald stieg es hoch hinauf, bald tauchte es abwärts, mal tanzte es nach rechts und mal nach links. Unsere Köpfe bewegten sich wie Magnete im Rhythmus seiner Bewegungen. Unsere Augen hingen wie gebannt an dem unbekannten Ding. Es hatte uns die Sprache verschlagen. Aus Furcht brachte keiner von uns ein Wort heraus.

Plötzlich spürte ich, wie eine große Hand die meine ergriff und mir einen Holzstock hineinlegte, um den eine Schnur gewickelt war. Als ich mich umdrehte, stand ich Auge in Auge mit einem der bulgarotürkischen Väter, die wir so viele Male mit kleinen Steinen beworfen hatten. Er lächelte mir warmherzig zu, streichelte mir den Kopf und sagte in gebrochenem Kurdisch: »Nicht Angst. Hier hast du.«

Dann ließ er den Stock los, und ich mußte ihn allein festhalten. Ich war nahe daran, aus Furcht zu weinen. Meine Freunde rannten nach allen Seiten davon und riefen mir zu, ich solle den Stock loslassen, sonst würde ich zum Himmel fliegen und sterben. Aber anstatt loszulassen, umklammerte ich den Stock nur noch fester. Ich stemmte mich gegen den Zug der Schnur, um nicht auf und davon zu fliegen. Meine Augen waren kugelrund vor Schreck, und ich zitterte am ganzen Körper.

Als der bulgarotürkische Vater meine Furcht erkannte, stellte er sich hinter mich, nahm den Stock wieder an sich und begann die Schnur aufzuwickeln, um das tänzelnden Ding herunterzuholen, das direkt vor unseren Füßen auf dem Dach landete. Da sah ich, das es einem Vogel ähnelte.

Nun kamen auch die anderen Kinder wieder herbei. Der Mann zeigte auf den Vogel und sagte in seinem gebrochenen Kurdisch: »Seht ihr, der gemacht aus Papier und Holzstöcken. Das ist Spielzeug und ist ganz ungefährlich. In unsere Sprache nennen wir ucurtma, also Drachen.«

Dann wandte er sich an mich und fuhr fort:

»Du kriegst. Wir zusammen üben, dann wirst du sehen, wie leicht das ist, mit Drachen fliegen. Komm zu mir morgen. Ich dir auch ein Fahrrad geben.«

Wir hatten schon gesehen, wie die bulgarotürkischen Kinder mit Holzfahrrädern herumfuhren, die ihre Väter gebaut hatten, und wir waren sehr neidisch gewesen. Sie hatten auch kleine Karren, in denen sie sich gegenseitig schoben.

Es war nicht schwer, »mit Drachen fliegen« zu lernen. Auf dem Dach zu stehen und ihn über dem Dorf fliegen zu lassen war wunderbar!

Die anderen Kinder wollten ihn auch einmal haben. Eins nach dem anderen bat mich, für einen kurzen Augenblick die Schnur halten zu dürfen. Zwei Tage später bekam ich ein Fahrrad. Ich brauchte drei Tage, um fahrradfahren zu lernen.

Der Drachen und das Fahrrad – damit endete die Feindschaft zwischen den Kindern aus dem Dorf und denen der Bulgarotürken. Erwachsene wie Kinder wurden jetzt gute Freunde.

Wir lernten eine Menge von den Bulgarotürken während der Zeit, die sie noch in unserem Dorf wohnten.

Einige von ihnen waren ausgebildete Hebammen und Krankenschwestern. Sie halfen unseren Müttern, wenn sie ihre Kinder zur Welt brachten. Mit Hilfe ihrer Medizin verschwand die schlimme Augenkrankheit, und unsere Bäuche, in denen bis dahin oft der Durchfall gluckerte, wurden gesund. Auch unser Vieh wurde größer, indem es sich mit dem ihren vermischte. Bald gab es bei uns größere Hühnereier und kräftigere Kälber.

Mit den Jahren wandelte sich das Leben im ganzen

Dorf. Aber wir beeinflußten auch die Bulgarotürken. Sie begannen wie wir Kurdisch zu sprechen und kurdische Kleidung zu tragen. Wir dagegen lernten kein Türkisch.

HAND IN HAND MIT MEINEM VATER

Es war Montag morgen. Mein Vater und ich kamen gerade vom Friseur. Mein Haar war ganz kurz geschnitten. Ich trug eine schwarze Baumwolljacke mit einem
weißen Kragen und eine Tasche auf dem Rücken. In
der Hand hielt ich einen Stiel mit einem kandierten
Apfel, an dem ich schleckte. Dabei schaute ich mich

immer wieder neugierig um. Hier und da blieb ich vor einem Schaufenster stehen und vergaß völlig, einen Fuß vor den anderen zu setzen, so daß mein Vater mich weiterziehen mußte. Meine Hand war im festen Griff von Vaters Hand schweißnaß geworden.

Solange ich lebe, werde ich diesen Tag und meine Gefühle nicht vergessen, als ich Hand in Hand mit meinem Vater ging. Mein Vater war nicht nur neben mir, sondern auch überall in mir. Ich wünschte mir, daß ich für immer dieselbe Tasche auf dem Rücken tragen, dieselben Kleider anhaben und Hand in Hand mit meinem Vater gehen dürfte.

Mein Vater und ich waren nicht allein auf der Straße an jenem Septembermorgen. Da gingen viele andere Väter mit ihren Kindern Hand in Hand. Und die Kinder freuten sich darüber, daß sie dort gingen, denn die Schule war das Ziel, und sie konnten es kaum erwarten, daß sie endlich anfing.

Wir trafen auf dem Schulhof ein, wo sich schon Hunderte anderer Mütter, Väter und Kinder versammelt hatten. Der Direktor hielt eine Rede, und alle applaudierten. Weil ich kein Türkisch verstand, erzählte mir mein Vater, was der Direktor gesagt hatte.

Dann wurden wir auf verschiedene Klassen verteilt. Ich wurde mit vierzig anderen Kindern in einem Klassenzimmer untergebracht. Mein Vater ließ mich allein, aber ich hatte keine Angst.

Dann kam die Lehrerin herein. Alle Kinder erhoben sich und standen stramm. Im Klassenzimmer war es mucksmäuschenstill. Nach einem Augenblick sagte die Lehrerin, wir sollten uns setzen und die Hände mit einem Taschentuch darüber auf den Tisch legen, so daß nur noch die Finger hervorschauten. Sie wollte kontrollieren, ob wir uns die Fingernägel geschnitten hatten und ob wir ein Taschentuch dabeihatten.

Ich verstand ihre Worte nicht, aber meine Augen dienten mir als Ohren, und ich machte den anderen alles nach. Doch ich hatte das Taschentuch zu Hause vergessen, und als die Lehrerin es bemerkte, begann sie mit dem Lineal auf meinen kurzgeschorenen Kopf einzuschlagen. Die ganze Zeit schrie sie etwas, was ich nicht verstand, und diesmal konnten die Augen den Ohren nicht helfen.

Mir blieb nichts anderes übrig, als schweigend dazusitzen, während die Schläge auf meinen Kopf niederprasselten. Schließlich sagte einer meiner Klassenkameraden etwas zu ihr, und sie schien darüber sehr erstaunt. Sie schaute mich mit ihren runden Augen an und sagte mit böser Stimme einige für mich unverständliche Worte. Dann ging sie ans Pult zurück und setzte sich.

Ich hatte verstanden, daß der Junge »Kurde« gesagt hatte, und glaubte, er habe ihr erklärt, daß ich nur Kurdisch sprach und kein Türkisch verstand.

Das war das erste Mal in meinem Leben, daß ich

allein, ohne meine Mutter, meinen Vater und meine Geschwister, unter fremden Menschen war, die eine andere Sprache als ich sprachen.

Als ich nach meinem ersten Schultag nach Hause kam, stand mein Vater vor der Haustür und wartete auf mich. Fünf lange Stunden hatte ich wie ein Taubstummer gelebt. Keines der Kinder hatte mit mir gespielt oder gesprochen. Hin und wieder hatte ich ein paar zusammenhanglose Worte aufgeschnappt: »schmutziger Kurde«, »wilder Kurde«. Ich wußte, was die Wörter bedeuteten. Für die Kinder in der Schule war ich ein gefährliches Tier, ein wilder Wolf.

Nur einen Monat zuvor hatte meine Familie mit fünfzig Haushalten das kleine Dorf verlassen, in dem wir mit Verwandten und Freunden, Cousins, Cousinen und Spielkameraden gewohnt hatten und in dem alle unsere gemeinsame Muttersprache Kurdisch sprachen. Mein großer Bruder war in einer Koranschule an einem anderen Dorf untergebracht worden. Er sollte Imam, muslimischer Geistlicher, werden und brauchte nicht in die türkische Schule zu gehen, fand mein Vater. Die restliche Familie war in die Stadt Bismil gezogen, wo mein Vater ein Geschäft für Süßigkeiten eröffnet hatte.

Auf einmal war ich einer vollkommen fremden Welt ausgeliefert, in der man eine Sprache sprach, die ich nicht verstand. In der Schule war es verboten, Kurdisch zu sprechen. Fast alle anderen Kinder waren

Söhne oder Töchter von türkischen Offizieren und Beamten aus der kleinen Stadt.

Kurdische Kinder gab es nur wenige. Aus Furcht wagten wir noch nicht einmal in den Pausen, Kurdisch miteinander zu sprechen, weil wir wußten, daß die türkischen Kinder uns verpetzen und wir dann Prügel beziehen würden. Die Lehrerin glaubte, sie könne uns mit Gewalt Türkisch beibringen. Daß Lernen Zeit und Liebe erfordert, begriff sie nicht.

Mehrmals rief der Direktor meinen Vater zu sich und befahl ihm, mit mir auch zu Hause Türkisch zu sprechen. Andernfalls würde der Direktor mich von der Schule werfen und meinen Vater bei der Polizei anzeigen.

Ich wußte, daß ich den Erniedrigungen der Lehrerin und der Klassenkameraden nicht eher entkommen würde, als bis ich Türkisch gelernt hätte. Ich haßte die Prügeleien auf dem Schulhof, den schrecklichen Schmerz, wenn mir die Lehrerin mit dem Lineal auf den Kopf schlug, wenn sie mich kräftig in meine Arme kniff und wenn sie mir meine Ohren umdrehte.

Bald gab es an meinem Körper keine Stelle mehr, die keine blauen Flecke oder Beulen hatte. Manchmal war die Lehrerin so böse, daß sie sich nicht mit dem Lineal, dem Zeigestock oder ihren Fingern zufriedengab, sondern die Zähne benutzte. Sie legte ein Stück Stoff ihres Kleides auf meinen Arm und biß aus bloßer Wut fest hinein. Weil sie der Meinung war, ich wäre

schmutzig, wollte sie mir nicht direkt in die Haut bei-
ßen. Wir waren fünf kurdische Kinder in der Klasse,
und wir wurden so brutal behandelt, weil wir kein
Türkisch sprechen konnten. Sie glaubte, daß Miß-
handlungen und Angst uns dazu bringen würden, ihre
für uns fremde Sprache zu verstehen.

Aus Furcht vor der Lehrerin und weil ich so damit
beschäftigt war, die türkische Sprache zu lernen, merkte ich gar nicht mehr, wie die Zeit verging. Die kräftigen Herbstfarben verblaßten und verschwanden, das
Laub fiel von den Bäumen, und es wurde Winter.

Der Frühling kam in jenem Jahr zeitig. Wochenlang
regnete es in Bismil ununterbrochen. Wegen des immer heftiger werdenden Regens wurde die Schule
geschlossen. Der Himmel war vollkommen schwarz.
Der Donner grollte, und die Blitze jagten über den
Himmel und erschütterten die ganze Gegend. Wo der
Blitz einschlug, setzte er Häuser und Holz in Brand
und tötete Tiere und Menschen. Man hätte beinah
glauben können, daß die Sonne für immer untergan-
gen und das Ende der Welt nahe sei.

Aber ich lebte in meiner eigenen Welt. Für mich
existierten weder Sonne noch Finsternis noch Regen.

Ich war vollauf damit beschäftigt, Türkisch zu lernen. Ich wünschte mir so sehr, daß die Lehrerin mich
möge, daß ich gar nicht merkte, was um mich herum
geschah.

Als die Regenzeit vorüber war, wollte ich meiner Lehrerin zeigen, daß ich fließend Türkisch sprechen und alle Lieder singen konnte, die die anderen Kinder auch sangen. Eigentlich hatte ich bereits im Herbst und Winter recht gut mit den anderen Schulkindern Türkisch sprechen gelernt. Aber als die Lehrerin mich im Unterricht aufforderte, etwas zu sagen, konnte ich aus Angst vor ihren keinen Ton herausbringen.

Und es regnete weiter. Ich lebte mit meinen Schulbüchern, bis mein Vater mich und meine vier jüngeren Geschwister eines Morgens ungewöhnlich früh weckte.

Unser Zimmer war überflutet, und meine Mutter und mein Vater schöpften mit leeren Benzinkanistern Wasser, das sie aus einem der Fenster schütteten. Wir Kinder setzten uns in dem gemeinsamen Bett auf und schauten zu, wie sich die Flut in unserem Haus verteilte. Bald würde vielleicht das Bett anfangen zu schwimmen. Meiner Mutter und meinem Vater stand das Wasser schon bis zu den Knien.

Weil das Haus aus Lehm war, hatte es durch das Dach geregnet, und auch durch die Türritzen strömte das Wasser. Vor dem Haus reichte das Wasser bis fast hinauf zu unseren Fenstern, und alles, was sich vor dem Haus bewegte, verursachte Wellen. Wenn sie gegen die Hauswände schlugen, suchte sich das Wasser einen Weg durch die feinen Risse in den Mauern und schwappte zum Fenster herein.

Mein Vater stellte das Radio an, um die türkischen Nachrichten anzuhören. Die fremde Stimme brachte sein Gesicht zum Erröten und seine Hände zum Zittern. Er brach fast in Tränen aus und schrie meine Mutter an, sein Leben habe keinen Sinn mehr und ihres auch nicht.

Der Fluß Tigris war über die Ufer getreten und hatte das Zentrum von Bismil mit sich gerissen. Dreitausend Menschen und Tausende von Tieren waren ertrunken, und alle Geschäfte in der Stadt waren eingestürzt und in den Wogen verschwunden. Was mitgeschwemmt werden konnte, wurde stromabwärts in östliche Richtung nach Syrien und in den Irak getrieben.

Auch das Geschäft meines Vaters, das größte und beste seiner Art in der Stadt, schwamm im Tigris. Das Wasser sei voller toter Menschen, überall trieben Kleider, Brote, Tierkadaver und nasse, ertrunkene Vögel, sagte mein Vater, der uns den Nachrichtensprecher übersetzte.

Wir Kinder standen jetzt im Bett und versuchten, aus dem Fenster zu schauen. In den Bäumen hockten nicht nur wilde Vögel, sondern auch Hühner, Hähne und Katzen. Auf den Hausdächern standen Menschen, Kühe, Ziegen, Schafe und Hunde, die sich vor den Fluten hatten retten können. Im Wasser trieben Kochtöpfe, Bretter und Gerümpel.

Zwei Tage später zog sich der Tigris wieder in sein

altes Flußbett zurück. Weil unser Haus am Rande der Stadt lag, war es verschont geblieben. Aber mein Vater war immer noch sehr reizbar und zornig. Er schlug oft um sich und schimpfte ohne Grund mit unserer lieben Mutter.

Niemand in der Stadt war versichert, auch mein Vater nicht. Sein Geschäft war mit einem Schlag vernichtet, und seine finanziellen Mittel waren aufgebraucht. Er war arbeitslos geworden, aber sein Stolz ließ es nicht zu, in Großvaters Dorf zurückkehren und um Hilfe zu bitten.

Die Katastrophenhilfe des Roten Kreuzes und des Roten Halbmondes für die Stadtbevölkerung fiel sehr spärlich aus. Für ein Stück Brot mußte man stundenlang Schlange stehen. Mein Vater war außerdem der Meinung, betteln sei erniedrigend, und verbot uns, dorthin zu gehen.

Ich selbst machte mir nicht die geringsten Sorgen um unsere schwierige Lage. Ich litt weder Hunger, noch störte mich der Husten, den wir Geschwister hatten, seitdem das Wasser zurückgegangen war. Die Überschwemmung hatte meine Probleme gelöst, und ich war einer der glücklichsten Jungen in der Stadt. Die Schule war mit dem Tigris fortgeschwemmt worden und existierte nicht mehr. Die türkische Lehrerin sah ich nie wieder. Sie war auch nicht mehr da. Sie gehörte vielleicht zu den dreitausend Menschen, die in den Fluten des Tigris ertrunken waren; ich weinte ihr keine Träne nach.

Ein paar Wochen später hielt ein Lastwagen vor unserer Tür. Zwei Personen sprangen heraus. Sie waren die Brüder meines Vaters aus der Stadt Bitlis, dreißig Meilen weiter nördlich in den Bergen. Die Verwandten meines Vaters wohnten dort. Durch das Radio und Bekannte der Familie hatten sie von der Katastrophe in Bismil und unserer schwierigen Lage gehört und erkannt, daß wir Hilfe brauchten.

Nach ein paar Tagen luden sie unsere Habseligkeiten auf den Wagen, und wir fuhren nach Bitlis. Wegen der schlechten und steinigen Wege dauerte die Reise mehrere Tage. Der Lastwagen war auch schlecht. Er blieb oft stehen, weil etwas am Motor kaputt gegangen war, und der Fahrer brauchte jedesmal Stunden, um ihn zu reparieren. Für uns Kinder aber war es nur lustig, weil wir dann in den kleinen Restaurants zu essen bekamen, die entlang der Strecke lagen. Wir tranken das kalte Wasser aus den klaren Bergbächen, die dort die Abhänge hinunterflossen, und all das gab mir endlich das Glücksgefühl wieder, das ich seit den ersten Schultagen mit der türkischen Lehrerin nicht mehr verspürt hatte.

Bitlis war zehnmal so groß wie Bismil. Sie lag auf mehreren bergigen Anhöhen und war sehr alt. Alle Häuser waren aus Stein und viel größer als die Häuser in Bismil. Drei Flüsse vereinigten sich im Zentrum der

Stadt. Sie flossen ruhig und friedlich in tiefen Fluß-
betten dahin, und man erzählte, sie könnten niemals
über ihre Ufer treten und gefährlich werden oder gar
Häuser zerstören und Menschen töten wie der Tigris
in Bismil.

Mitten im Zentrum von Bitlis verbanden mehrere
historische Brücken die Stadt und bildeten ihr Herz-
stück. Ich hatte vorher noch nie eine Brücke gesehen
und fürchtete anfangs sehr, ich könnte ins Wasser fallen, wenn ich über eine von ihnen ging. Deshalb hielt
ich mich mit aller Kraft am Brückengeländer fest.

Zum ersten Mal im Leben sah ich auch elektrisches
Licht. Nachts erleuchteten große Straßenlaternen die
Stadt. In den Häusern hatten die meisten Leute immer
noch Petroleumlampen.

Nach und nach halfen die Verwandten meinem
Vater, ein Stoffgeschäft zu eröffnen. Sie waren in derselben Branche und unterhielten gute Kontakte zu
anderen Stoffhändlern. Das Geschäft meines Vater lief
bald gut, und er wurde wieder der fröhliche, liebe und
herzliche Vater, den wir von früher kannten.

Er kaufte ein großes, altes, schönes Haus mit einem
riesigen Garten, in dem über sechshundert verschie-
denartige Bäume wuchsen. Sie gaben uns Obst und
brachten Grün in unser neues Leben. Jeden Morgen
wurden wir Kinder von Vogelgezwitscher geweckt.
Durch das Fenster konnten wir Wild weiden und
Eichhörnchen herumspringen sehen.

Mein Leben in Bitlis war in jeder Hinsicht besser als in Bismil. Weil meine alte Schule im Tigris verschwunden war, existierten keine Papiere darüber, daß ich fast ein Jahr die erste Klasse besucht hatte. Um es zu beweisen, mußte ich eine Sprachprüfung ablegen und dem neuen Direktor zeigen, daß ich Türkisch lesen und schreiben konnte. Ich bestand die Prüfung. Von da an hatte ich keine Angst mehr, mit Erwachsenen Türkisch zu sprechen, und auch meine Furcht, noch einmal die gleiche grausame Behandlung ertragen zu müssen wie bei meiner ersten türkischen Lehrerin, war verschwunden.

Im darauffolgenden Herbst kamen meine beiden anderen Brüder in die Schule. Mein Vater hatte meinen großen Bruder aus dem Koranunterricht genommen. Er brauchte nicht mehr Geistlicher zu werden und war sehr froh darüber.

Der Winter kam früh in jenem Jahr. Schon im Oktober begann es zu schneien, und jeden Monat wurde es mehr. Schließlich lag der Schnee wie eine Decke über den Häusern. Damit sich die Menschen in der Stadt bewegen konnten, waren Tag und Nacht große Pflüge im Einsatz, um den Schnee fortzuräumen und Wege und Tunnel zu graben.

Für uns Kinder war der Schnee eine spannende Sache. Jetzt konnten wir auf Skiern zur Schule laufen. Am Anfang verstauchten wir uns die Knie und Knöchel und mußten für einige Tage zu Hause bleiben.

Aber sobald es uns besser ging, zogen wir uns die Skier wieder an und sausten im Schnee davon. Das war wunderbar.

Die vier Jahre in Bitlis waren die glücklichsten meiner Kindheit. Doch eines Tages war Schluß damit. Großvaters Jeep hielt vor unserem Haus, und wir freuten uns über ein Wiedersehen, weil er uns an unsere ersten Kindheitsjahre und Sommerferien in den Dörfern erinnerte. Aber unsere Freude verwandelte sich bald in Kummer. Aus dem Auto stieg ein völlig veränderter Großvater. Er war blaß, alt und dünn wie ein Strich geworden. Ihm folgten seine junge und hübsche elfte Ehefrau mit ihrem sechsjährigen Sohn, eine Dienerin und der Chauffeur.

Großvater war krank. Er hustete unnunterbrochen und spuckte blutigen Schleim in ein Taschentuch. Er litt an Tuberkulose und hatte nicht mehr lange zu leben. Als er saß und eine Tasse Tee vor sich hatte, begann er mit meinen Eltern zu reden, während wir Kinder etwas abseits davon still auf dem Fußboden hockten.

»Ich kann jeden Tag sterben«, sagte er. »Leider habe ich das Vertrauen in meine Söhne verloren. Deshalb will ich nicht bei ihnen sterben, sondern bei dir, meine liebe Tochter. Und ich übertrage dir und deinem Mann alle Verantwortung für unseren Grund und Boden und unsere Maschinen. Wenn ich tot bin, müßt ihr ins Dorf zurückfahren und euch dort niederlassen. Sonst werden alle Reichtümer unseres Geschlechts verschwinden. Meine Söhne sind wie Wölfe.

Du darfst mich auch nicht im Dorf begraben. Denn ich will weder, daß die Leute Steine auf mein Grab werfen noch daß sie Blumen darauf legen, ich will an einem unbekannten Ort hier in Bitlis liegen. Mein ganzes Leben war ein Kampf. Nun wünsche ich in Frieden und in Ewigkeit zu ruhen.«

Eine Woche später starb Großvater. Mein Vater ließ in einer schönen alten Moschee eine große Beerdigungsfeier abhalten und verteilte nach unserer Tradition Brot, Fleisch, Süßigkeiten und Kleider an die Armen, damit Gott Großvater seine bösen Taten verzieh.

Als das Schulhalbjahr vorüber war, erfüllte mein Vater Großvaters Wunsch. Er verkaufte unser schönes Haus, und wir kehrten ins Dorf zurück. Ich hatte gerade die fünfjährige Grundschule abgeschlossen und sollte bald meinen dreizehnten Geburtstag feiern.

Der Anzug

In den fünf Jahren auf der Grundschule hatte ich
lediglich einigermaßen ordentlich Türkisch schreiben
und sprechen gelernt. Meine türkischen Klassenkameraden hingegen hatten eine Menge anderer Din-
ge gelernt: Mathematik, Geographie, Geschichte und
Biologie. Der Unterschied im Wissen und in der Ent-

wicklung zwischen mir und meinen Klassenkameraden war deshalb groß. Die meisten von ihnen kamen aufs Gymnasium und gingen dann weiter auf die Universitäten, wozu Aufnahmeprüfungen erforderlich waren. Solche Prüfungen waren ihrem Kenntnisstand angepaßt, nicht meinem.

Weil unsere Familie ins Dorf zurückgezogen war, wurden mein älterer Bruder und ich auf ein türkisches Internat geschickt, auf dem wir zu Volksschullehrern ausgebildet werden sollten. Mein jüngerer Bruder kam zu einer Schwester unseres Vaters in eine andere Stadt, in der es eine Schule gab.

Unsere gleichaltrigen Cousins und Cousinen und die Kinder der Dorfbewohner, die im Dorf blieben, konnten weder lesen noch schreiben, weil es dort keine Schule gab. Als zwei meiner jüngeren Schwestern ins Schulalter kamen, wurden auch sie auf ein neueröffnetes, türkisches Internat geschickt. Sie wollten nicht, aber mein Vater hatte ihnen die Sache mit Kleidern und Spielzeug schmackhaft gemacht.

Um auf das Internat gehen zu dürfen, mußten wir eine Aufnahmeprüfung durchlaufen, und ich bestand sie ohne Probleme. Auf der ganzen Schule waren achthundert Schüler. Neunzig Prozent von uns waren kurdische Kinder, aus denen die Regierung Türken machen wollte.

In meinem Jahrgang waren wir hundertzwanzig Jungen, auf drei Klassen verteilt. Am ersten Tag führten sie uns in das große Badehaus der Schule. Dort wurde zuerst unsere Kopfhaut auf Läuse untersucht; dann schütteten sie uns allen DDT in die Haare, auch denen, die kein Ungeziefer hatten. Das Pulver brannte fürchterlich, und als wir uns hinterher die Haare wuschen, brannte es noch einmal in den Augen.

Danach mußten wir uns in einer langen Reihe vor einem Krankenpfleger aufstellen. Er hielt eine Spritze in der Hand, mit der er uns in den Arm stach. Wir wurden gegen etwas geimpft, wovon wir nicht erfuhren, was es war. Er benutzte ein und dieselbe Spritze für hundertzwanzig Kinder, ohne sie nach jedem Einstich zu säubern. Am nächsten Tag waren unsere Arme entzündet und angeschwollen. Bei einigen war der Arm so dick geworden, daß sie ihn nicht mehr bewegen konnten.

Nach der Impfung verteilten sie lange Unterhosen, Unterhemden, Strümpfe, ein Handtuch und ein Stück Seife. Jeder Junge mußte sich für die Gaben mit den Worten bedanken: »Gott beschütze das Vaterland. Wir geloben, immer für unser Land zu kämpfen und es niemals zu verraten«.

Nun war es an der Zeit, uns die Schlafsäle zu zeigen. In jedem Saal waren achtzig Kinder in Etagenbetten untergebracht. Viele der Betten waren so kaputt, daß man auf den Kameraden darunter zu fallen drohte. Wir mußten lernen, mit Laken und Decke das Bett zu machen. Die Matratzen waren alt und verbeult, und der Baumwollbezug war hart von Schweiß und Urin.

In den Schlafsälen gab es weder warmes Wasser noch eine Heizung. Auch viele Fenster waren zerbrochen. Im Winterhalbjahr war es deshalb nachts sehr kalt, und wir froren wie die Schneider. Als wir uns darüber beschwerten und die Schulleitung baten, in den Kaminen Feuer zu machen, antwortete der Direktor, daß das nicht nötig sei, weil wir »natürliche« Kamine seien. Der Atem von achtzig Kindern reiche aus, um die Schlafsäle wohlig warm zu beheizen, behauptete er.

Um zehn Uhr abends wurde das Licht gelöscht, dann wurde es stockfinster im Schlafsaal. Aber man konnte trotzdem unmöglich gleich einschlafen. Sobald das Licht aus war, begannen wir zu schreien, zu pfeifen, zu erzählen und zu lachen. Schließlich schliefen wir vor lauter Erschöpfung ein. Um sechs Uhr mußten wir wieder aufstehen. Dann kamen die Lehrer mit Stöcken und schlugen, traten und knufften uns aus den Betten, damit wir rechtzeitig zum Frühstück und zur ersten Unterrichtsstunde kamen.

Die erste Zeit trugen wir unsere eigenen Hemden und Hosen. Aber nach einigen Wochen erhielt jeder von uns einen Anzug mit Hose, Jackett, Hemd und Schlips. Die meisten Jungen kamen aus kurdischen Dörfern und hatten vorher nie einen Anzug besessen. Mit der neuen Kleidung veränderte sich nicht nur unser Äußeres, sondern auch unser Inneres und unsere Art, uns zu bewegen.

Jede Woche führte man uns in der Schule türkische Filme vor. In diesen Filmen machte man sich viel über die Bauern und die Art, wie sie sich kleideten und wie sie redeten, lustig. Menschen, die unseren Eltern und Geschwistern glichen, wurden als primitiv, ja sogar als gefährlich dargestellt.

Wir dagegen sahen nunmehr aus wie die Städter auf der Leinwand, und wir identifizierten uns vollkommen mit diesen westlich gekleideten, eleganten Menschen.

Nicht nur die Filme, sondern auch unsere Lehrer und Schulbücher beeinflußten uns in derselben Richtung. Viele Schüler versuchten sogar, ihre kurdische Sprache zu vergessen. Sie glaubten, daß sie so leichter perfekt Türkisch sprechen lernten. Sie wollten nicht, daß jemand sie als Kurden erkannte, weil Kurden unseren Lehrern zufolge wertlose Menschen waren. So stand es auch in unseren Schulbüchern.

Allmählich verloren viele Jungen den Kontakt zu ihren Eltern. Immer mehr Schüler weigerten sich, im Sommer nach Hause in ihre Dörfer zu fahren, um ihre Familien zu besuchen. Sie wollten nicht mehr die Kinder armer kurdischer Landarbeiter und Bauern sein.

Wenn solche Eltern manchmal zu Besuch kamen, weigerten sich ihre Kinder sogar, mit ihnen zu sprechen, und die Eltern mußten, ohne ihre Söhne gesehen zu haben, wieder nach Hause fahren. Auch das war eines der Ziele der Schule.

Während meiner ersten beiden Jahre gingen nur Jungen auf das Internat. Deshalb waren alle Schüler in die wenigen Lehrerinnen verliebt. Ihre kurzen Röcke und langen Hosen machten mächtig Eindruck auf uns. Wir fanden, unsere Lehrerinnen sähen aus wie Filmstars, und schwänzten ihren Unterricht nie. Statt dessen wünschten wir uns, daß ihr fünfundvierzig Minuten langer Unterricht ewig dauern würde. Aber weil unsere Blicke an diesen wunderbaren Frauen klebten, lernten wir in ihrem Unterricht nichts. Unsere männlichen Lehrer ermahnten uns, daß man perfekt Türkisch sprechen müsse, um eine solche Frau heiraten zu dürfen.

Im dritten Jahr kamen fünfzig Mädchen. Von da an begann für uns ein völlig neues Leben. Ihre Gegenwart veränderte alles. Die vorher faul gewesen waren, fingen an, ihre Hausaufgaben zu machen. Die vorher immer in zerknitterten Hemden herumgelaufen waren, fingen an, sie zu bügeln. Die schmutzig gewesen waren, fingen an, sich mehrmals am Tag zu waschen, und die bis dahin nie die Zähne geputzt hatten, fingen an, die Zahnbürste zu benutzten, und putzten so fleißig die Zähne, daß sie die Bürste immer in der Brusttasche trugen.

Die wenigen Spiegel in den Schlafsälen reichten

nicht mehr aus. Wir drängelten uns davor, wenn wir uns kämmen wollten. Wir rückten unsere Schlipse und Kragenecken zurecht, wie wir es den Schauspielern in den Filmen abgeschaut hatten. Wir legten uns Taschentücher zu, die wir in unsere Brusttaschen steckten. Wir kauften uns Pomade und kämmten uns wie berühmte Schauspieler. Wir begannen sogar, Romane und Gedichte zu lesen. Der Bibliothekar bekam jetzt plötzlich viel Arbeit. Wir rissen ihm geradezu die Liebeslyrik aus der Hand. Die Romantik erblühte im Unterricht und auch in der Freizeit.

Die fünfzig Mädchen, die angekommen waren, waren kurdische Bauernmädchen aus denselben Dörfern wie wir. Auch sie veränderten und verwandelten sich, bekamen eine neue Kultur und eine neue Erziehung. Sie fingen an, sich wie unsere weiblichen Lehrer zu kleiden und wie sie zu denken. Früher hätten wir solche Mädchen nicht beachtet. Jetzt beachteten wir sie zu viel.

Unser größter Wunsch war, mit Mädchen in eine Klasse gehen zu dürfen. Um in solch eine Klasse gehen zu dürfen, mußte man ein gutes Zeugnis haben. Deshalb begannen alle zu lernen, was das Zeug hielt. Ich war einer der besten.

Auf der Flucht

Nach meinem Lehrerexamen kehrte ich in unser Dorf zurück. Ich war gerade achtzehn Jahre alt. Ich war aggressiv, rastlos und unglücklich. Ich war weder Kurde noch Türke. Ich hatte weder Flügel noch Füße. Ich hatte keine eigene Identität, keine eigene Persönlichkeit mehr.

Die beiden unterschiedlichen Kulturen hatten mein Gehirn und mein Herz in zwei Hälften gespalten. Wenn ich in die Stadt fuhr, kam ich mir wie ein Dörfler vor, und wenn ich ins Dorf kam, wie ein Städter. Ich war nirgendwo zu Hause und fühlte mich immer einsam und verlassen. Ich wußte nicht, was ich mit meinem Leben anfangen sollte. Aber noch ein weiterer Zeitabschnitt sollte über mein Leben bestimmen: Ich mußte gegen meinen Willen Militärdienst leisten.

Nach zwei Jahren als türkischer Soldat kehrte ich noch einmal in Großvaters Dorf zurück. Das sollte mein letzter Besuch werden. Während des Militärdienstes hatte ich angefangen zu begreifen, wie ungerecht das Leben im Dorf war. Agha zu werden, wie mein Großvater und Vater, war mir unmöglich. Ich konnte mir allenfalls vorstellen, auf den Besitzungen unserer Familie eine Landwirtschaftskooperative zu gründen, in der alle den Boden gemeinsam besäßen. Um mich darauf vorzubereiten, begann ich, als Saisonarbeiter auf den Zuckerrübenfeldern am Fluß zu arbeiten.

Die anderen Arbeiter waren arme Leute aus einer anderen Gegend, die uns für den Sommer als Saisonarbeiter eingestellt worden waren. Die meisten waren Kinder und Frauen, die vierzehn Stunden am Tag bei fünfundvierzig Grad Hitze für einen Lohn arbeiten mußten, der gerade für ein Stück Brot reichte.

Ich wollte, daß sie für besseren Lohn und eine kürzere Arbeitszeit streikten. Mit meiner Hilfe sollten sie sich bewußt werden, wie ungerecht mein Vater und die Brüder meiner Mutter sie behandelten. Schließlich gelang es mir, die vierhundert armen Frauen und Kinder zu einem Sitzstreik zu bewegen. Ich war glücklich.

Einige Freunde von der Lehrerhochschule arbeiteten mit mir zusammen. Wir sympathisierten alle mit der neugegründeten Arbeiterpartei. Als der Streik begann, setzten wir uns zu den Frauen, sangen und warteten darauf, daß die Besitzer des Landes, das hieß mein Vater und die Brüder meiner Mutter, kämen und mit uns über höhere Löhne und kürzere Arbeitszeit verhandelten. Aber statt dessen kamen berittene türkische Soldaten mit Gewehren.

Wir versuchten die Soldaten aufzuhalten. Aber sie schossen sofort in die Luft. Da erhoben sich schnell alle Frauen, nahmen aus Furcht ihre Hacken wieder in die Hand und machten sich daran, das Unkraut um die Zuckerrüben zu jäten. Der Streik war vorbei.

Meine Freunde und ich standen allein den türkischen Soldaten und meiner Familie gegenüber, die auf das Zuckerrübenfeld gekommen war und mich verfluchte. Ich hätte die Familie verraten, schrien sie.

Da begriff ich, daß es für mich unmöglich war, nach Hause ins Dorf zurückzugehen. Statt dessen fuhren meine Freunde und ich so weit wir nur konnten fort von unserer mißglückten Revolte, bis nach Istanbul, wo die meisten Arbeiter lesen und schreiben konnten und nicht so ängstlich waren wie unsere armen kurdischen Landarbeiter. Dort begann ich, als Journalist bei einer Gewerkschaftszeitung zu arbeiten.

Aber auch in Istanbul war ich ein Fremder. Als Kurde mit kurdischem Akzent hatte ich Probleme. Damit die Türken begriffen, wie schwer und erniedrigend die Situation des kurdischen Volkes war, schrieb ich auf Türkisch einen Roman über die Unterdrükkung meines Volkes.

Ich weiß nicht, wieviel das türkische Volk von meinem Roman verstand, aber ich weiß, daß der türkische Staatsapparat, daß der Geheimdienst, die Richter und der Staatsanwalt verstanden, worüber ich geschrieben hatte. Denn das Buch wurde sofort verboten, und mir wurde eine fünfzehnjährige Gefängnisstrafe angedroht. Im Alter von sechsundzwanzig Jahren wurde ich zum Verräter ernannt. Ich war ein verfolgter Schriftsteller auf der Flucht vor der Polizei, lebte eine Zeitlang versteckt und ging dann außer Landes.

Nach einem Jahr in Deutschland kam ich im Frühling 1971 nach Schweden. Ich war in einem Land weit im Norden jenseits der Berge und des Meeres gelandet, in dem die Menschen so hell und blauäugig waren wie die Bulgarotürken. Sie sprachen nur eine Sprache, die ich nicht verstand.

Ich fing an, Schwedisch zu lernen. Meine Klassenkameraden kamen aus allen Ländern der Welt, und wir verständigten uns untereinander mit Händen und Füßen. Meine neue Lehrerin schlug mich weder mit dem Zeigestock auf den Kopf, noch kontrollierte sie meine Fingernägel.

Mein neues Leben als politischer Flüchtling hatte gerade begonnen, und ich wußte noch nicht, daß es so lange dauern würde. Erst einundzwanzig Jahre später, im Alter von siebenundvierzig Jahren, konnte ich für kurze Zeit in die Türkei zurückkehren. Aber das Dorf meines Großvaters und meiner Kindheit habe ich nie mehr wiedergesehen.

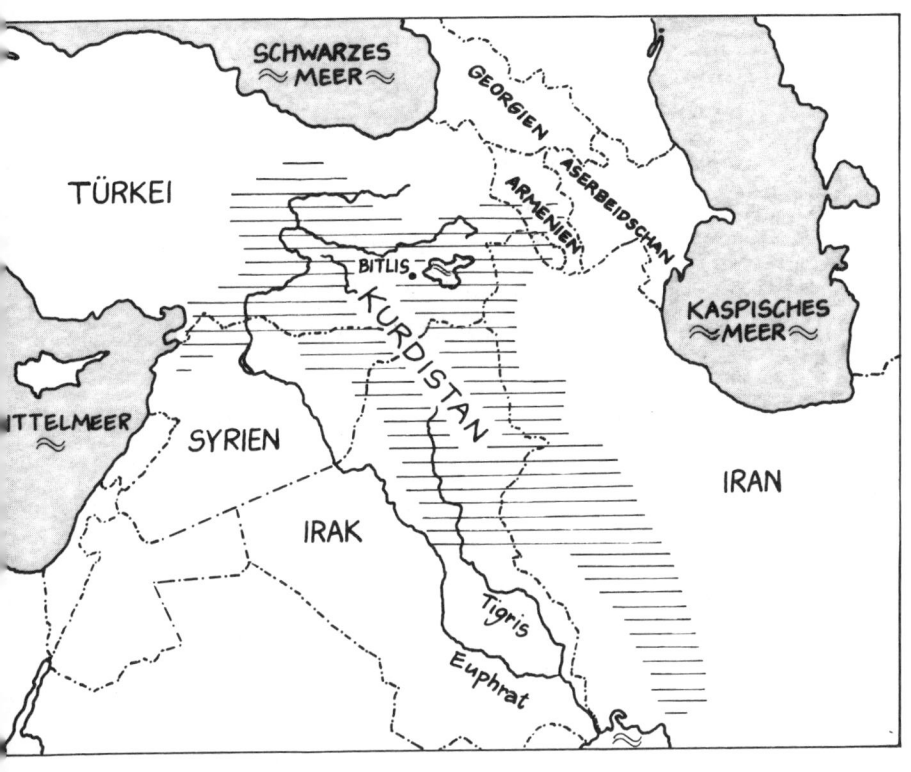

EINE KLEINE KURDISCHE
GESCHICHTE

Als 1914 der 1. Weltkrieg ausbrach, stellte sich der mus-
limische Sultan in Konstantinopel, dem heutigen
Istanbul, auf Deutschlands Seite gegen England und
Frankreich. Das Osmanische Reich erstreckte sich da-
mals von Konstantinopel bis Ägypten. Und dort, wo

heute die Türkei liegt, wohnten Griechen, Türken, Armenier, Kurden, Araber, Lasen, Juden und syrische Christen.

Die türkische Bevölkerung war eigentlich die letzte, die in dieses Gebiet kam. Die seldschukischen Stämme begannen erst 1071 nach Christi Geburt von Osten einzudringen. Ihnen folgten 1231 unter Dschingis-Khan und 1402 unter Timur Lenk mongolische Stämme. Diese Stämme ließen sich im westlichen und zentralen Anatolien nieder, von wo aus die Herrschaft des osmanischen Sultans begründet wurde. Zwischen dem 14. und dem 16. Jahrhundert wurden mit der Balkanhalbinsel weite Teile Europas und des Mittleren Ostens erobert. Zwischen 1520 und 1566 erstreckte sich das Osmanische Reich von Ungarn bis Ägypten.

Die Grenze zwischen dem Reich des Sultans und dem des Schahs von Persien verlief quer durch das Gebiet, in dem der größte Teil der Bevölkerung aus Kurden und Armeniern bestand.

Im Osmanischen Reich lebten außer vielen verschiedenen Volksgruppen mit eigenen Sprachen und Kulturen auch Muslime und Christen unterschiedlicher Ausrichtung Seite an Seite. Schon dreihundert Jahre nach Christi Geburt waren große Teile der Bevölkerung in dieser Gegend zum Christentum übergetreten. Mit dem Islam kam ab dem 8. Jahrhundert eine neue Religion ins Land, und um 1300 waren große Teile der Bevölkerung islamisiert worden. Griechen und Armenier blieben Christen, während Kurden und Türken zum Islam übertraten.

Aufgrund voneinander abweichender Auslegungen der Bibel teilten sich die christlichen Kirchen in verschiedene Glaubensrichtungen: syrisch- und griechisch-orthodoxe, römisch-katholische und armenische Christen. Eine ähnliche Spaltung vollzog sich im Islam. Die meisten Kurden und Türken im Osmanischen Reich, die Araber im heutigen Syrien eingeschlossen, waren und sind Sunniten, während die persische Bevölkerung im heutigen Iran und die Minderheit der Araber im Irak Schiiten sind. Kurdistan wurde deshalb ab dem 16. Jahrhundert oft zum Schlachtfeld der Kämpfe zwischen dem sunnitischen Sultan in Konstantinopel und dem schiitischen Schah in Teheran.

Ab der Mitte des 17. Jahrhunderts begann das Osmanische Reich zu zerfallen. 1820 kam es mit Unterstützung Englands unter den Griechen zu einem Aufstand, der 1830 zur Unabhängigkeit Griechenlands führte.

Die drei Provinzen, die bei Ausbruch des 1. Weltkrieges schließlich noch im Reich des Sultans verblieben, hatten ihre eigenen Oberbefehlshaber, die die Steuern für den Sultan eintrieben. Im übrigen waren die Provinzen relativ unabhängig. England, Rußland und Frankreich waren seit langem an einer Aufteilung des Reiches des Sultans interessiert und setzten bei den verschiedenen Bevölkerungsgruppen auf deren Unzufriedenheit mit dem Sultan. Durch Kurdistans Reichtum und seine weltstrategisch wichtige Lage weckte es Interesse. Hier verlief die Seidenstraße, die auf dem Landweg Europa mit Indien und China verband. Und hier war man in der kurdischen Bergen schon Anfang des 20. Jahrhunderts, noch vor Ausbruch des 1. Weltkrieges auf Erdöl gestoßen.

Das 19. Jahrhundert wurde in diesem Teil der Welt zum Zeitalter der Aufstände. Sowohl Kurden, Armenier, Türken und Juden als auch Araber wollten eigene Nationalstaaten wie in Europa haben; sie stützten sich dabei auf die Idee des Nationalstaates, d. h. eines Landes mit einem Volk, das dieselbe Sprache sprach. Deshalb revoltierten sie gegen den Sultan. Die griechische Bevölkerung von über eineinhalb Millionen Menschen, die seit Jahrtausenden entlang der Küste Anatoliens lebte, wollte mit dem unabhängigen Staat Griechenland vereinigt werden.

Bei der Umsetzung des Vorhabens der verschiedenen Völker, ihre eigene Sprache zu sprechen, ihre eigene Kultur zu leben und ihre eigene Religion auszuüben, hatten sich die Sultane des Osmanischen Reiches tolerant gezeigt. Aber als die nationalistischen Bewegungen begannen, eigene Staaten und eine Aufteilung des Osmanischen Reiches zu fordern, wurden die Aufstände brutal niedergeschlagen.

Aber 1908 gelang es der Jungtürkischen Bewegung,

72

den damaligen Sultan in Konstantinopel zur Abdankung zu zwingen. Sie gründeten ein Parlament und setzten einen neuen Sultan ein. Armenier, Kurden und Griechen hofften nun auf eine neue Gelegenheit zur Gründung unabhängiger Staaten. Aber sie wurden bald enttäuscht. Die Jungtürken wollten die anderen Völker türkifizieren und verboten ihre Schulen, Zeitungen und Organisationen.

Zu der Zeit lebten armenischen Quellen zufolge 2,5 Millionen Armenier in den Gebieten der Türkei, die heute von Kurden besiedelt sind. In vielen Städten und Dörfern wohnten Armenier und Kurden Seite an Seite. Der 1. Weltkrieg bot der Jungtürkischen Bewegung die Möglichkeit, die Armenier zu vernichten. Mit Hilfe eines Ausnahmegesetzes von 1915, geschaffen in Konstantinopel, sollte die gesamte armenische Bevölkerung aus ihrem Ursprungsgebiet nach Osten, in den heutigen Irak und nach Syrien, deportiert werden. In einer offiziellen Begründung dafür hieß es, daß man die Armenier der Zusammenarbeit mit dem Feind Rußland, gegen das man Krieg führte, beschuldigte.

Die Deportationen der Armenier, diese ersten ethnischen Säuberungen des 20. Jahrhunderts, führten zum Tod von mindestens 1,5 Millionen Menschen dieses Volkes. Wem es nicht geglückt war, nach Rußland zu fliehen, und wer zu schwach war, um die schweren Entbehrungen während des langen Marsches zu überstehen, starb unterwegs vor Erschöpfung oder wurde von den Truppen ermordet, die für die Deportation die Verantwortung trugen. Auch kurdische Sonderregimenter, die der osmanischen Armee angehörten, nahmen an den Massakern teil, genauso wie einzelne Kurden, die aus religiösen oder wirtschaftlichen Gründen darauf hofften, vom Verschwinden der Armenier zu profitieren. Aber auch die Kurden waren die Verlierer des Krieges, denn sie fielen der gleichen Behandlung wie die Armenier zum Opfer. Um eventuelle kurdische Aufstände nach dem Krieg zu verhindern, wurden um die 700 000 Kurden ins westliche Anatolien deportiert.

Nach dem Ende des 1. Weltkrieges gab es im ursprünglich armenischen Gebiet keine Armenier mehr. Es begann die Geschichte der Vertreibung der nichttürkischen christlichen Griechen: Am 15. Mai 1919 landete zunächst die griechische Armee in Izmir, um sich die Gebiete einzuverleiben, die von den 1,6 Millionen Griechen bewohnt wurden. Angesichts dieser Bedrohung gelang es Mustafa Kemal, einem der Generäle des Sultans, Türken und Kurden gegen die Griechen zu verbünden. 1922 errangen sie den Sieg. Die Griechen hatten verloren. Im Friedensvertrag von Lausanne von 1923 wurde der Austausch von 1,2 Millionen christlichen Griechen, deren Vorfahren seit Jahrtausenden entlang der Küste Anatolien gelebt hatten, gegen 380 000 türkische Muslime aus Griechenland festgelegt. Zwei Millionen Menschen waren gezwungen, ihre ursprüngliche Heimat zu verlassen und in ein anderes Land zu ziehen. Am 29. Oktober 1923 wurde die neue Republik Türkei ausgerufen. Kurz darauf rief der erste Präsident der neugegründeten Republik, Kemal Atatürk, etwa dreißig der mächtigsten kurdischen Sheikhs zu sich, die ihm geholfen hatten, die griechische Armee zu besiegen. Als Dank für ihre Hilfe ließ er sie hängen. Am 3. März 1924 wurden die kurdische Sprache und Literatur verboten und die kurdischen Schulen geschlossen.

Seitdem hat die Politik der Türkei, trotz der Proteste und unablässiger Aufstände der Kurden, dem kurdischen Volk das Recht auf seine eigene Identität und Kultur abgesprochen. Das Ziel war, aus den Kurden Türken zu machen. Aber das ist fehlgeschlagen, und alle Versuche seitens der Kurden, mit friedlichen Mitteln ihre Rechte durchzusetzen, sind mit langen Gefängnisstrafen geahndet worden. Seit Beginn der 1970er Jahre wurden immer mehr Kurden wegen ihrer politischen Ansichten ins Exil gezwungen.

Die Bulgarotürken, die in diesem Buch erwähnt werden, waren ursprünglich Bulgaren, die in der Zeit, als sich das Osmanische Reich auch über Bulgarien erstreckte, islamisiert und zu Türken assimiliert wurden. Nach dem 2. Weltkrieg, als die Kommunistische Partei in Bulgarien die Macht übernahm, wurde jegliche Religionsausübung verboten. Kirchen und Moscheen wurden geschlossen. Die muslimischen Bulgarotürken, die das nicht hinnahmen, wanderten in die Türkei aus, wo man sie in abgelegene kurdische Dörfer brachte, damit sie aus den Kurden Türken machten.

Gewalt erzeugt Gegengewalt. Die brutale Behandlung der kurdischen Zivilbevölkerung durch die türkische Armee und die vielen Militärregierungen, die die Macht im Laufe des siebzigjährigen Bestehens der Republik Türkei innehatten, führte Ende der 1970er Jahre dazu, daß mehrere kurdische Organisationen gegen die türkische Armee zu den Waffen griffen. Zwischen 1980 und 1994 kamen mindestens 14 000 Menschen bei Kampfhandlungen oder Vergeltungsmaßnahmen ums Leben.

Die kurdische Zivilbevölkerung wurde besonders schwer in Mitleidenschaft gezogen. Über 2000 kurdische Dörfer sind zerstört worden, Millionen Menschen mußten ihre angestammte Heimat verlassen und in die westlichen Teile der Türkei fliehen. Zirka eine halbe Million Kurden leben in Europa. Von ihnen sind mindestens 100 000 aus politischen Gründen zur Flucht gezwungen worden. Die Zahl der politischen Gefangenen in den türkischen Gefängnissen geht in die Tausende. Viele verbüßen lebenslange Haftstrafen. Von den 60 Millionen Einwohnern der Türkei sind 15 bis 20 Millionen Kurden.

Die Grenzen der Türkei zum Iran, Irak und zu Syrien wurden nach dem 1. Weltkrieg im Friedensvertrag von Lausanne festgelegt und ohne Rücksicht auf die Bevölkerungen und Familien gezogen, die so verschiedenen Ländern zugeteilt wurden. Dann wurden der Irak und Syrien unter englischer bzw. französischer Oberhoheit gegründet. Sie wurden 1932 und 1946 unabhängige Staaten. Insgesamt leben deshalb auch zirka zwölf Millionen Kurden jenseits der Grenzen zum Iran, zum Irak, zu Syrien und zu den ehemaligen Sowjetrepubliken Armenien, Georgien und Aserbaidschan. Eine Minderheit von sechs Millionen Kurden wohnt im Iran, eine Minderheit von ungefähr vier Millionen in Irakisch-Kurdistan, der Rest in Syrien, im Libanon und in der ehemaligen Sowjetunion.

Der Grund dafür, daß Kurdistan nach dem ersten Weltkrieg geteilt wurde, waren vor allem die reichen Ölvorkommen, zu denen die Westmächte Zugriff haben wollten. Zehn Prozent der Ölreserven der Welt liegen hauptsächlich um die Städte Mosul und Kirkuk in Irakisch-Kurdistan und Kermanschah in Iranisch-Kurdistan.

Nach dem Golfkrieg im Januar 1991 gelang es den Kurden in Irakisch-Kurdistan, zwei Drittel ihres Gebietes zu befreien. Dank der Unterstützung durch die Vereinten Nationen haben die Kurden dort eine vom Volk gewählte Regierung und ein Parlament gebildet und werden wirtschaftlich von mehreren Ländern unterstützt. Irakisch-Kurdistan wird dennoch nicht offiziell als unabhängiger Staat anerkannt.

Die Mehrheit des kurdischen Volkes siedelt im

Mahmut Baksis Dorf im Jahre 1977. Das Foto machte Mahmut Baksis Frau, Elin Clason, die im Gegensatz zu ihm dorthin reisen durfte.

Mittleren Osten in einem zusammenhängenden, zirka 550 000 km² umfassenden Gebiet, das genauso groß ist wie Frankreich.

Die kurdische Sprache ist eine iranische Sprache, und Kurdisch und Türkisch haben ebenso wenig gemeinsam wie Englisch und Chinesisch. Die Sprache hat zwei Hauptdialekte: Kurmandschi und Sorani. Weil Kurdistan auf vier Länder verteilt ist, wird das Kurdische in der Türkei mit lateinischen und im Iran, Irak und in Syrien mit arabischen Buchstaben geschrieben. In der ehemaligen Sowjetunion verwendet man dafür die kyrillischen Schriftzeichen.

Elin Clason

Mahmut Baksi wurde 1944 in Kurdistan geboren und kam 1971 nach Schweden. Dort lebt er seither als Schriftsteller und Journalist. Die Türkei durfte er mit 47 Jahren wieder besuchen, nicht aber das Dorf seiner Kindheit. Er ist verheiratet mit der Schriftstellerin und Journalistin Elin Clason, die zu diesem Buch das Nachwort schrieb. »Ich war ein Kind in Kurdistan« erzählt Mahmut Baksis eigene wahre Geschichte.

Dieter Wiesmüller, geboren 1950, ist Illustrator, Umschlaggestalter für Bücher und Zeitschriften (u. a. den »Spiegel«) und einer der großen deutschen Bilderbuchkünstler. Zu seinen wichtigsten Büchern zählen »Komm mit, Moritz« und der »Pernix«.